# Inhalt

**Wasserrahmenrichtlinie und Wasserhaushaltsgesetz - Ziel: eine bessere Wasserqualität**

Kernthesen

Beitrag

Fallbeispiele

Weiterführende Literatur

Impressum

# Wasserrahmenrichtlinie und Wasserhaushaltsgesetz - Ziel: eine bessere Wasserqualität

I.Zeilhofer-Ficker

## Kernthesen

- Mit dem Wasserhaushaltsgesetz und der Wasserrahmenrichtlinie wurde ein Gesetzeswerk geschaffen, das europaweit durch den nachhaltigen Umgang mit Wasser für einen guten Gewässerzustand sorgen soll.
- Die chemische Qualität der Grundwasserreserven ist vor allem durch zu

hohen Nährstoffeintrag der Landwirtschaft in Mitleidenschaft gezogen.
- Durch umfangreiche Projekte zur Renaturierung und Wiederherstellung der Durchgängigkeit sollen Flüsse und Bachläufe in guten ökologischen Zustand gebracht werden.
- Kostendeckende Wasser- und Abwasserpreise sollen der Wasserverschwendung entgegenwirken.

## Beitrag

# Wasserrahmenrichtlinie und Wasserhaushaltsgesetz - die EU will das Wasser schützen

Schon im Jahr 2000 wurde die europäische Wasserrahmenrichtlinie verabschiedet, deren erklärtes Ziel ein guter ökologischer Zustand aller Oberflächenwasser, Küstengewässer, Übergangsgewässer und Grundwasservorkommen ist. Bisher ist von der Umsetzung allerdings erst wenig erkennbar. Zumindest wurde schon einmal eine umfassende Bestandsaufnahme der Gewässer durchgeführt, deren Zustand analysiert und dokumentiert. Selbst im wasserreichen Deutschland ist das Ergebnis aber kaum zufrieden stellend - mehr als die Hälfte aller Oberflächen- und Grundwasser sind in schlechtem Zustand und weitere Maßnahmen zur Verbesserung sind erforderlich. (1), (2), (3)

Bis zum März 2010 mussten Bewirtschaftungspläne und Maßnahmenprogramme erstellt und veröffentlicht sein. Diesen Abgabetermin haben aber nicht alle EU-Mitgliedsländer eingehalten. Mit Griechenland, Zypern, Portugal und Spanien haben genau die Länder den Abgabetermin für ihre nationalen Schutzpläne verpasst, die mit den größten Wasserproblemen zu kämpfen haben. Und nur bis 2015 haben die EU-Mitglieder Zeit, um ihre Gewässer in guten Zustand zu versetzen bzw. bei künstlichen oder erheblich veränderten Gewässern wenigstens das Potenzial für einen guten Zustand zu schaffen. Wohlweislich kann diese Frist um zweimal sechs Jahre verlängert werden, denn schon jetzt ist absehbar, dass die fünf Jahre keinesfalls ausreichen werden, um alle Gewässer zu sanieren. (1), (2), (3), (15)

Schon die Forderung nach koordiniertem Vorgehen über Länder- und Staatengrenzen hinweg war nicht einfach umzusetzen. Mit dem Wasserhaushaltsgesetz sind die Kompetenzen in Deutschland nunmehr ab dem 1. März 2010 von den Ländern an den Bund zurückgegangen. Dies war notwendig geworden, um eine stärkere Vereinheitlichung des Wasserrechts zu schaffen. Grundlegend und neu ist darin die Feststellung, dass fließende oberirdische Gewässer sowie Grundwasservorkommen nicht eigentumsfähig sind. Gewässernutzungen sind bundeseinheitlich geregelt, Mindeststandards bezüglich der Durchgängigkeit für Fische sowie Mindestwasserführung gelten nun überall, vor allem auch für die Nutzung der Wasserkraft. (4)

In Zusammenarbeit mit den anderen Anrainerstaaten wurden koordinierte Bewirtschaftungspläne mit ambitionierten Zielen für beispielsweise die Donau, den Rhein und die Elbe erstellt. So soll beispielsweise die Stickstoffkonzentration in der Elbe bis 2015 um fünf, die Phosphorfracht um sieben Prozent verringert werden. Bis zum Jahr 2027 soll die Schadstoffbelastung um insgesamt 24 Prozent verringert werden. Außerdem werden 130 Wanderhindernisse für Fische beseitigt bzw. durchgängig gemacht. In den Nebenflüssen sollen neue Fischlaichgründe entstehen. (8)

## Grundwasser ist von Nährstoffen belastet

Obwohl die Werte in den letzten Jahren kontinuierlich verbessert wurden, mehr als die Hälfte der deutschen Grundwasserreservoire sind mit höheren Nitratwerten belastet, als für Trinkwasserqualität gefordert. Diese Nitratkonzentrationen von über 50 mg/Liter stammt zu einem großen Teil - ebenso wie andere Einträge z. B. Phosphor und Chloride - von der landwirtschaftlichen Nutzung der an Gewässer grenzenden Ländereien. Werden zu große Mengen von Dünge- und Pflanzenschutzmitteln auf Felder und Wiesen aufgebracht, so landen die von den Pflanzen nicht aufgenommenen Chemikalien zum Großteil in Bächen, Flüssen, Seen und im Grundwasser. (5)

Obwohl in den letzten Jahren mit Agrarumweltprogrammen Erfolge erzielt werden konnten, ist keineswegs gesichert, dass die von der EU gesetzten Grenzwerte bis 2015 überall erreicht werden können. Landesweit gibt es Schulungs- und Kooperationsprogramme, mit deren Hilfe die Landwirte zu einem effizienteren Umgang mit Dünge- und Pflanzenschutzmitteln gebracht werden sollen. Fördermittel der EU gibt es für Landwirte dafür allerdings nur, wenn die Änderung der Landnutzung mit erheblichen Einkommensverlusten verbunden wäre. (5), (6), (7)

## Fisch hat Vorfahrt

Natürliche oder naturnahe Gewässer haben wesentliche Vorteile gegenüber den in engen Betonbetten gefangenen Flussläufen. Kann ein Bach oder Fluss seinem natürlichen Lauf folgen, so entstehen wertvolle Laich- und Brutstätten für Fische, Vögel und Amphibien. Als Erholungsgebiete für den Menschen sind natürliche Flusslandschaften ebenfalls unverzichtbar. Auch bilden sich an natürlichen Flussläufen Feuchtgebiete, die bei hohen Wasserständen dem Hochwasserschutz dienen. (9)

Allein in Nordrhein-Westfalen sollen bis zum Jahr 2027 über 2 000 Kilometer Gewässer renaturiert und 2,1 Milliarden Euro dafür ausgegeben werden. Der gesamte Renaturierungsbedarf beläuft sich allerdings auf rund 9 000 Kilometer, die aus mangelnder Finanzierung nicht alle in Angriff genommen werden können. Und in den anderen Bundesländern sieht es nicht besser aus. Überall versucht man allerdings, zumindest die Durchgängigkeit für Fische wiederherzustellen. Von der Kraftwerksindustrie wird dies allerdings nicht ganz so positiv aufgenommen - müssen sie doch einen großen Teil der Kosten tragen, wenn die von ihnen genutzten Querbauwerke keine Fischaufstiegshilfen enthalten. Die Vorfahrt für Fische kostet die Kraftwerksbetreiber um die drei Prozent der Stromausbeute. (10), (11)

## Wasserpreise müssen Kosten deckend sein

Ein Großteil des europäischen Wassers wird verschwendet. Vor allem in undichten Leitungen versickert wertvolles Trinkwasser. Außerdem wird nur ein geringer Teil des genutzten oder verbrauchten Wassers zurück gewonnen und wiederaufbereitet. Neben der Prüfung und Instandsetzung von Trink- und Abwasserleitungen soll vor allem ein höherer Wasserpreis der Verschwendung entgegenwirken. Die Wasserrahmenrichtlinie fordert deshalb von ihren Mitgliedsländern, dass Trinkwasserpreise auf ein kostendeckendes Niveau angehoben werden müssen. In Deutschland ist dies allerdings kein Thema - die deutschen Verbraucher zahlen schon seit vielen Jahren die höchsten Trinkwasserpreise im internationalen Vergleich. Ja im Gegenteil - es wird von den Trinkwasserversorgern eine transparentere Preispolitik verlangt und Preissenkungen werden erwartet. (1), (12)

## Trends

Rund zehn Milliarden Euro wird die Umsetzung der Wasserrahmenrichtlinie in den nächsten fünf Jahren kosten, und viel ist bereits investiert worden. An vielen Flussläufen ist dadurch bereits festzustellen, dass die Flora und Fauna wieder die Oberhand gewinnt. Zahlreiche Naherholungsgebiete sind (wieder) entstanden und weitere werden folgen. Auch der Nährstoffeintrag in ober- und unterirdische Gewässer sollte in den kommenden Jahren weiter verringert werden, auch im Sinne der Landwirte, die ja Geld sparen, wenn sie sparsamer düngen und spritzen. Ob durch die Wasserpreise aber tatsächlich die Wasserverschwendung signifikant reduziert werden kann, muss sich erst erweisen. Denn Vielen ist einfach nicht bewusst, wie wertvoll unser Grundnahrungsmittel Trinkwasser eigentlich ist. Reparaturen an Wasserleitungen und Abwasserrohren werden deshalb vielfach als Aufgabe des Staates angesehen.

# Fallbeispiele

An der Ill und Theel wurde kürzlich ein kooperatives Modellprogramm gestartet. Sechs Kommunen wollen in Zusammenarbeit mit der Universität des Saarlandes überwachen, wie sich durch verschiedene Maßnahmen die Wasserqualität verbessern lässt. Zunächst sollen die Flussauen an der Theel naturnah umgebaut werden. Für das Gesamtprojekt wurden 2,5 Millionen Euro an Fördergeldern bewilligt. (13)

Von April 2008 bis zum März 2009 wurde in Berlin ein Konzept zur Renaturierung der Panke erarbeitet. Bäume sollen gepflanzt, Wehre abgebaut, Sand- und Kiesbänke angelegt werden. Allein die Planung hat bereits 14,6 Millionen Euro verschlungen. (14)

In Österreich werden die Fischaufstiegshilfen, die die Kraftwerksbetreiber bis 2015 errichten müssen, rund 400 Millionen Euro kosten. Fischen wie der Barbe und dem Huchen blieben die Wanderwege in größeren Gewässern bisher versperrt. Die Kosten müssen von den Privatfirmen aber nicht alleine getragen werden: Investitionsförderungen von bis zu 60 Prozent sind vorgesehen. (11)

# Weiterführende Literatur

(1) Die Europäische Wasserrahmenrichtlinie und ihre Umsetzung in Deutschland
aus Manager Magazin, 19.03.2010, Nr. 4, Seite 70

(2) Rechtsänderungen im Wasserrecht tangieren Altlastenbearbeitung Workshop des übergreifenden Arbeitskreises WRRL zum Stand der Gesetzgebung
aus TerraTec, Heft 07-08/2009, S. 7

(3) RLV setzt weiterhin auf die Kooperation zwischen der Land- und Wasserwirtschaft
aus TerraTec, Heft 07-08/2009, S. 7

(4) Gesetz zur Neuregelung des Wasserrechts
aus TerraTec, Heft 07-08/2009, S. 7

(5) Kooperation im Gewässerschutz als
Erfolgsmodell...
aus Agra-Europe (AgE), 51. Jahrgang Nr. 4 vom
25.01.2010

(6) Bei Nitrat zeigen viele Messstellen Werte oberhalb
des Grenzwertes - RLV begrüßt kooperativen
Lösungsansatz unter Einbindung der
Landwirtschaftskammer - Bewährtes Prinzip aus dem
Trinkwasserschutz wird übernommen
aus Agra-Europe (AgE), 50. Jahrgang Nr. 19 vom
04.05.2009

(7) EU-Beihilfen für den Gewässerschutz nur bei
erheblichen Benachteiligungen
aus Agra-Europe (AgE), 50. Jahrgang Nr. 19 vom
04.05.2009

(8) Phosphor in der Elbe: Länder wollen Schadstoffe
reduzieren Umweltminister des Einzugsbietes
vereinbaren Maßnahmen zur Verbesserung der
Flussqualität - Neue Laichgebiete in Nebengewässern
aus DIE WELT, 28.11.2009, Nr. 278, S. 48

(9) Mehr Raum für Fische und Vögel
aus Frankfurter Rundschau vom 31.12.2009, Seite R 14

(10) Zwei Milliarden Euro für Gewässer in NRW
aus Rheinische Post Nr. 13 vom 16.01.2010

(11) Wasserrahmenrichtlinie: Jetzt geht es der Wasserkraft an den Kragen Umweltschutz: Rund 2,3 Terrawattstunden Stromverluste sind möglich
aus WirtschaftsBlatt, 29.10.2009, Nr. 3477, S. 4

(12) Herausforderung Wasserknappheit Meinungsartikel von Jon Freedman und Pieter Steenbeek
aus Wasser, Luft und Boden, Heft 10/2009, S. 14

(13) Uni verfolgt Veränderungen der Wassergüte
aus Saarbrücker Zeitung vom 30.12.2009

(14) Ein Fluss soll schöner werden Berlins berühmter Drittfluss, die Panke, soll vom trüben Rinnsaal zum Ökoparadies werden
aus DIE WELT, 30.11.2009, Nr. 279, S. 31

(15) Abgabefrist für nationale Wasserschutzpläne abgelaufen
aus DIE WELT, 30.11.2009, Nr. 279, S. 31

# Impressum

## Wasserrahmenrichtlinie und Wasserhaushaltsgesetz - Ziel: eine bessere Wasserqualität

**Bibliografische Information der deutschen Nationalbibliothek**

Die Deutsche Nationalbibliothek verzeichnet diese Publikation in der deutschen Nationalbibliografie; detaillierte bibliografische Daten sind im Internet über http://dnb.d-nb.de abrufbar.

ISBN: 978-3-7379-1511-3

© 2015 GBI-Genios Deutsche Wirtschaftsdatenbank GmbH, Freischützstraße 96, 81927 München, www.genios.de

Alle Rechte vorbehalten. Dieses Werk ist einschließlich aller seiner Teile – z.B. Texte, Tabellen und Grafiken - urheberrechtlich geschützt. Jede Verwertung außerhalb der Grenzen des Urheberrechtsgesetzes bedarf der vorherigen Zustimmung des Verlags. Dies gilt insbesondere auch für auszugsweise Nachdrucke, fotomechanische

Vervielfältigungen (Fotokopie/Mikroskopie), Übersetzungen, Auswertungen durch Datenbanken oder ähnliche Einrichtungen und die Einspeicherung und Verarbeitung in elektronischen Systemen.